Samuel Awadhifo Ayibho

Les juifs

Samuel Awadhifo Ayibho

Les juifs

Messianité de Jésus de Nazareth

Éditions Croix du Salut

Imprint

Cover image: www.ingimage.com

Publisher:
Éditions Croix du Salut
is a trademark of
Dodo Books Indian Ocean Ltd., member of the OmniScriptum S.R.L Publishing group
str. A.Russo 15, of. 61, Chisinau-2068, Republic of Moldova Europe
Printed at: see last page
ISBN: 978-620-3-84316-3

Table des matières

Avant-propos

Il n'est pas étonnant de problème qui se pose dans la foi religieuse. Nous sommes appelés à interpréter de manière rationnelle les principes religieux. Tous ceci, pour éviter les tentatives de défendre les maux au nom de la religion.

Dans notre premier ouvrage intitulé : [Le judaïsme : point de départ du christianisme chez Hegel et Feuerbach. Evangile contre le néopaganisme], nous avons présenté le judaïsme comme un fondement des certaines sources du christianisme, mais nous dévons également affirmer la fausseté du judaïsme, en ayant pas su reconnaitre de manière efficace la messianité de Jésus de Nazareth. Nous devons savoir que le judaïsme trouve son fondement dans le peuple juif.

Remerciements

Merci à l'Eternel Dieu, pour sa protection. Nous remercions toute la famille biologique et scientifique. Nos sœurs et frère de la famille. Nos remerciements à tous les chrétiens du monde dans leurs églises respectives : protestants particulièrement ceux qui sont membres de l'Eglise du Christ au Congo, les chrétiens d'autres communautés religieuses également : catholique, mais aussi des églises des réveils.

Merci à tous nos lecteurs qui vont s'inspirer de ce livre.

Samuel AWADHIFO Ayibho

Tél : +243822619526

E : samyawadhifo@gmail.com

Référence bibliographique

1. **Ouvrages de Samuel Awadhifo Ayibho**

2022. Mission protestante en Ituri. De l'AIM à la CECA/20, Editions Croix du Salut.

Le 19 juillet 2021. Le judaïsme : point de départ du christianisme chez Hegel et Feuerbach. Evangile contre le néopaganisme, Éditions Croix du Salut.

2. **Ouvrages des autres auteurs**

ARISTOTE (1838) 1840. La métaphysique, Paris, Ladrage.

HEGEL, G.W.F., 1835. Esthétique, Tome I, Paris, Ladrage.

NATIONS UNIES 20 Juin 1945. « Préambule », Charte des Nations Unies, San Francisco.

KANT, E., (1990) Juillet 2014. Théorie et pratique, (Trad. J.-M. MUGLIONI), Hâtier.

3. **Ouvrages à lire**

CIMWANGA BADIBANGA, A., 2016. Mbororo, l'invention d'une nation, Editions Universitaires Européennes.

DENZINGER, H. Symboles et définitions de la foi catholique, Paris, Cerf.

FEUERBACH, L., 1864. La religion (Trad. J.ROY), Paris.

LAGREE, J., 2004. Spinoza et les débats religieux, Renne, Presses Universitaires de Renne.

Pour Hegel

1835. *Esthétique*, Tome I (Trad. Ch. BERNARD), Québec.

1937. *La phénoménologie de l'esprit*, Tome I (Trad. J.HYPPOLITE), Paris, Aubier.

4. Articles

AUWERS, J-M., (1990) : pp. 199-213. «L'interprétation de la Bible chez Spinoza. Ses présupposés philophiques ». *In*: *Revue Théologique de Louvain*, 17 années, 2.

CHAPUIS, P., (1904) 5-30. « Le messianisme de Jésus de Nazareth », *Revue de Théologie et de Philosophie et Compte-rendu des Principales Publications Scientifiques*, 1904, Volume 37.

E.ALZAS (1950) [11 Novembre 2021] : 226-232. « Notes exégétique : l'apôtre Paul et le célibat : étude exégétique sur 1 Corinthiens 7:25-40 », *In*: *Revue de Théologie et de Philosophie.*

MACINA MENAHEN, R., (2003): 285-320. « Chrétiens et juifs : pour aller loin », *In*: *Théologique*, Volume 11, Numéro 1-2.

5. Articles à lire

POEGGELER, O. et GARNIRON, P., (1981): 189-237. « L'interprétation hégélienne du judaïsme», *In*: *Archives de Philosophie*, Volume 44, Numéro 2.

SOUAL, P. (Janvier-Mars 1998) :71-96. « Amour et croix Chez Hegel», *In*: *Revue Philosophique de la France et de l'étranger*, Tome 188, Numéro 1.

VAN RIET, G., (1965) :353-419. « Le problème de Dieu chez Hegel. Athéisme ou christianisme. ? », *In* : *Revue Philosophique de Louvain*, Troisième série, Tome 63, Numéro 79, Louvain.

6. Mémoires

AWADHIFO AYIBHO, S., 2019. La signification du christianisme chez Hegel, Mémoire de Licence en Philosophie, Université de Kisangani.

A.SAUCER 2019. La téléologie chez Spinoza, Mémoire de Maîtrise en Philosophie, Université Montréal.

7. TFC et thèse à lire

AWADHIFO AYIBHO, S., 2017. La dialectique de l'idée absolue chez Hegel, TFC en Philosophie, Université de Kisangani.

KALINDULA, N. 2017. Articulation de la raison et problème des fondements des sciences dans l'épistémologie de Jean Ladrière, Thèse de Doctorat en Philosophie Université Catholique du Congo, Kinshasa-Limete.).

PEPIN, M-C 2007. La thèse de la sortie de la religion chez Marcel Gauchet en perspective : Feuerbach, Freud, Nietzsche; Mémoire de Maîtrise en Philosophie ; Université de Québec.

8. Webographie

S.N. Première guerre judéo-romaine, disponible sur https://fr.wikipedia.org/wiki/Premi%C3%A8re_guerre_jud%C3%A9o-romaine Consulté samedi 29 janvier 2022 à 12 :04.

S.N., Histoire des Juifs en Allemagne, disponible sur https://fr.wikipedia.org/wiki/Histoire_des_Juifs_en_Allemagne.Consulté samedi 29 janvier 2022 à 12 :06.

S.N. Histoire des juifs au Moyen-Age, disponible surhttps://Fr.Wikipedia.Org/Wiki/Juifs_Et_Juda%C3%Afsme_En_Europe#:~:Text=Au%20Haut%20Moyen%20%C3%82ge%2C%20les,Nombreuses%20dans%20les%20royaumes%20francs. Consulté Lundi 31 Janvier 2022 à 8:18

S.A. Quelle est l'histoire du Peuple Juif?, disponible sur https://le-livre.org/history-of-jews-quelle-est-lhistoire-du-peuple-juif/?gclid=Cj0KCQiA6NOPBhCPARIsAHAy2zCv4nvslao7kZGWuBBdiXSYY_4xy0BtF5FkLcjqZ5zM1wLcXnYdreMaAsA4EALw_wcB Consulté samedi 29 janvier 2022 à 12 :13.

S.A., *Juifs et le judaisme en Europe*, disponible sur https://fr.wikipedia.org/wiki/Juifs_et_juda%C3%AFsme_en_Europe#:~:text=Au%20Haut%20Moyen%20%C3%82ge%2C%20les,nombreuses%20dans%20les%20royaumes%20francs. Consulté Lundi 31/01/2022 à 8:18

INTRODUCTION GENERALE

Dans cette dissertation nous nous sommes donné la tâche d'expliquer l'histoire et la foi religieuse relativement au peuple juif. Ceci, car le peuple a suffisamment contribué dans le progrès culturel et religieux dans le monde.

Aujourd'hui, nous sommes face à une obligation d'examiner la messianité de Jésus de Nazareth. (Cf. P. CHAPUIS, (1904) 1 :5. « Le messianisme de Jésus de Nazareth », *Revue de Théologie et de Philosophie et Compte-rendu des Principales Publications Scientifiques*, 1904, Volume 37). Dans cette perspective son admiration comme sauveur de l'humanité reste remise à cause par certain. Avec le judaïsme nous constatons toute abstraction vis-à-vis de messianité de Jésus de Nazareth.

Le parler sur le juif est considéré comme une communication sur un peuple perdu et retrouvé dans l'histoire chrétienne. (S. AWADHIFO AYIBHO 19 juillet 2021: 11. Le judaïsme : point de départ du christianisme chez Hegel et Feuerbach. Evangile contre le néopaganisme, Éditions Croix du Salut. Lire aussi à ce sujet O. POEGGELER et P. GARNIRON(1981): 190. « L'interprétation hégélienne du judaïsme», *In*: *Archives de Philosophie*, Volume 44, Numéro 2.). S'il en est ainsi, nous pouvons nous interroger sur l'héritage juif dans le monde. Sa contribution dans l'histoire de l'humanité nous interpelle. La situation de Jésus de Nazareth et du judaïsme, est touchant.

Le grand amour qui réside dans la folie de la croix est en confusion avec la sagesse divine. Car cette mort douloureuse n'est pas seulement une abolition vitale, néanmoins un moment pour elle. Quand l'empereur avilit ce qui est essentiel dans les hommes, la société ou Etat, Dieu qui est le Seigneur de ciel vient et fait sa volonté [*Ibid*:39. Lire aussi, P.SOUAL, (Janvier-Mars 1998: 91). « Amour et croix Chez Hegel», *In*: *Revue Philosophique de la France et de l'étranger*, Tome 188, Numéro 1.]. Dans cette perspective de peuple juif et la messianité de Jésus de

Nazareth, nous nous interrogeons. Quelle est l'histoire de peuple juif ? Qu'est-ce qu'on peut comprendre de foi religieuse chez les juifs ? Nous tentons dans cette dissertation répondre à ces deux questions.

Dans cette dissertation nous formulons deux hypothèses. En première, l'histoire de peuple juif nous aiderait à bien comprendre ce qu'ils sont actuellement pour le monde et pour eux- même. En deuxième, l'étude de la foi religieuse chez le peuple juif nous aiderait à mieux comprendre les autres religions monothéistes.

L'objectif général de ce travail est de faire comprendre que les juifs ont contribué pour le progrès dans le monde, tant dans la perspective culturelle que religieuse.

Nous nous sommes fixés deux objectifs spécifiques. Nous voulons entraver cette dissertation comprendre l'influence de peuple juif et sa contribution dans le monde en étudiant son histoire.

Nous nous sommes aussi fixé comme objectif spécifique la compréhension de la foi religieuse chez les juifs, il s'agit spécifiquement du judaïsme considéré comme fondement de quelques religions monothéistes.

Nous faisons usage de méthode analytique, elle nous sert à mettre en évidence les informations en faisant une analyse. Et la technique est documentaire, en plus des ouvrages consultés.

Le choix de ce travail est réalisé dans la perspective de philosophie de la religion et de l'histoire. Et l'intérêt poursuivis est d'expliquer la contribution de peuple juif dans le monde.

Le travail a deux parties. La première partie est pour expliquer l'histoire des juifs et la seconde nous explique la foi religieuse chez les juifs. Ces deux parties comprennent en sommes quatre chapitres. Le premier chapitre est intitulé généralité sur le peuple juifs. Nous expliquons ici les juifs dans le monde et la situation des juifs au moyen âge. Le deuxième chapitre parle des juifs et des grandes guerres qu'ils ont connues. Il s'agit de la guerre contre Rome mais aussi de génocide avec les allemands. Le troisième chapitre est pour l'étude de judaïsme. Après la conception générale du judaïsme nous expliquons la relation entre le judaïsme et d'autres religions monothéistes. Le dernier chapitre se tourne vers la messianité de Jésus de Nazareth. Après avoir parlé de l'histoire et vie de Jésus de Nazareth nous parlons de sa messianité.

PREMIERE PARTIE
HISTOIRE DES JUIFS

Introduction de la première partie

Dans cette partie qui est la première de notre dissertation nous parlons d'histoire des juifs. Nous y avons deux chapitres, le premier parle de généralité sur les juifs, il s'agit de parler des juifs dans le monde ensuite la situation des juifs dans le moyen-âge. Le deuxième chapitre explique l'attitude des juifs face aux multiples guerres. Nous parlons de guerre des juifs contre Rome et guerre des juifs contre les allemands.

Les juifs se trouvent actuellement rependu dans le monde. Ils ont été victimes des guerres multiples comme on ne pourrait pas ignorer. Et ils sont considérés comme source des progrès dans l'histoire de l'humanité.

Chapitre premier
GENERALITE SUR LES JUIFS

I.1. Introduction

Dans ce chapitre qui est le premier de notre travail, nous parlons des juifs de manière générale. Nous expliquons l'être juif dans le monde et la situation des juifs au Moyen-Âge.

I.2. Les juifs dans le monde

Nous faisons, ici allusion aux personnages juifs.

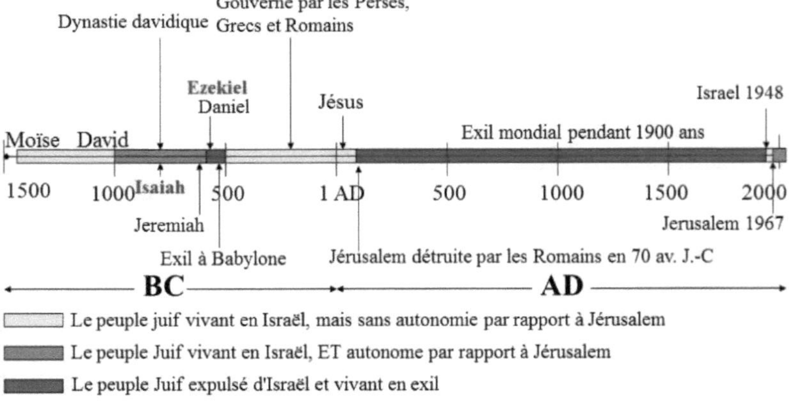

Source : *S.A.* Quelle est l'histoire du Peuple Juif?, disponible sur https://le-livre.org/history-of-jews-quelle-est-lhistoire-du-peuple-juif/?gclid=Cj0KCQiA6NOPBhCPARIsAHAy2zCv4nvslao7kZGWuBBdiXSYY_4xy0BtF5FkLcjqZ5zM1wLcXnYdreMaAsA4EALw_wcB Consulté samedi 29 janvier 2022 à 12 :13.

Histoire du roi Nébuchadnezzar de Babylone dans ce tableaux :

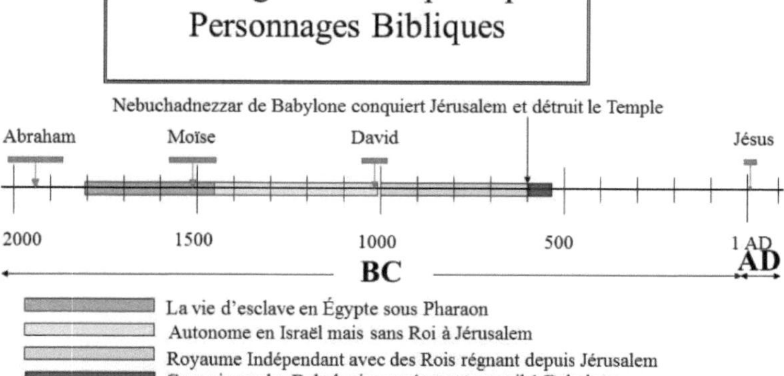

Source : *S.A*. Quelle est l'histoire du Peuple Juif?, disponible sur https://le-livre.org/history-of-jews-quelle-est-lhistoire-du-peuple-juif/?gclid=Cj0KCQiA6NOPBhCPARIsAHAy2zCv4nvslao7kZGWuBBdiXSYY_4xy0BtF5FkLcjqZ5zM1wLcXnYdreMaAsA4EALw_wcB Consulté samedi 29 janvier 2022 à 12 :13.

I 3. Les juifs au Moyen-Âge

Au Haut Moyen Âge, les Juifs décident de s'installer en Espagne et dans l'ancienne Gaule. C'est précisément IXe siècle, que les communautés juives se font petit à petit de plus en plus nombreuses dans les royaumes francs. Néanmoins, l'organisation des communautés juives en Occident jusqu'au Xe siècle, en dehors de l'Espagne, reste mal connue, même si l'on connait que des Juifs ont tenu des grandes positions à la cour de Charlemagne, que son successeur Louis le Pieux a protégé les Juifs face aux menaces de l'évêque Agobard de Lyon.(*S.N.* Histoire des juifs au Moyen-Age, disponible sur :

https://fr.wikipedia.org/wiki/Juifs_et_juda%C3%AFsme_en_Europe#:~:text=Au%20Haut%20Moyen%20%C3%82ge%2C%20les,nombreuses%20dans%20les%20royaumes%20francs. Consulté Lundi 31 Janvier 2022 à 8:18).

L'Age d'or de la culture de peuple juif en Espagne désigne la période pendant laquelle les Juifs auraient été dans l'ensemble bien acceptés dans la société d'Al-Andalus. La nature de cet « âge d'or, » corollaire de la période de *la Convivencia* pour les uns, mythe instrumentalisé dans le cadre des relations judéo-arabes pour d'autres, et sa durée sont réduits aux controverses. (*Ibid.*).

La religion, la culture et la vie économique de peuple juif dans cette perspective s'épanouissent, au point qu'un Juif Hasdaï Ibn Shaprut exerce au Xe siècle les fonctions de vizir auprès du calife Omeyyade Abd Al-Rahman III et de son fils et successeur Al-Hakam II. Cette période considérée comme Âge d'or est datée de facon variable entre les VIIIe et XIe siècles. (*Ibid.*).

Le judaïsme espagnol est dans cette perspective illustré par un grand nombre de philosophes juifs et universitaires, entre autre nous pouvons citer Salomon Ibn Gabirol, l'auteur du Fons Vitae qui inspire les philosophes juifs, chrétiens ou arabes jusqu'à la fin du Moyen Age, Maïmonide, le médecin de Cordoue qui décide de réconcilier le judaïsme et logique aristotélicienne et Juda Halevi, l'auteur du Kuzari, dialogue imaginaire en cinq chapitres, entre le roi des Khazars et un rabbin, et des Sionides ou odes à Sion, qui mourut en route pour la terre d'Israël. (*Ibid.*).

I.4. Conclusion

Nous sommes enfin de ce premier chapitre qui était pour la généralité de peuple juif. Après avoir expliqué la situation des juifs dans le monde nous avons développé la nature de peuple juif pendant le Moyen-Âge. Les juifs, après une paix au moyen-âge, sont devenus multiples dans le monde. C'est un peuple qui a à son sein des grands savants comme référence pour le monde.

Chapitre deuxième
LES JUIFS ET LES GUERRES

II.1. Introduction

Ce deuxième chapitre de notre dissertation explique la situation des juifs face aux multiples guerres. Il s'agit de guerre des juifs contre Rome et le génocide de l'histoire des juifs et allemands.

II. 2. Guerre des juifs contre Rome

II.2.1. Judée au premier siècle

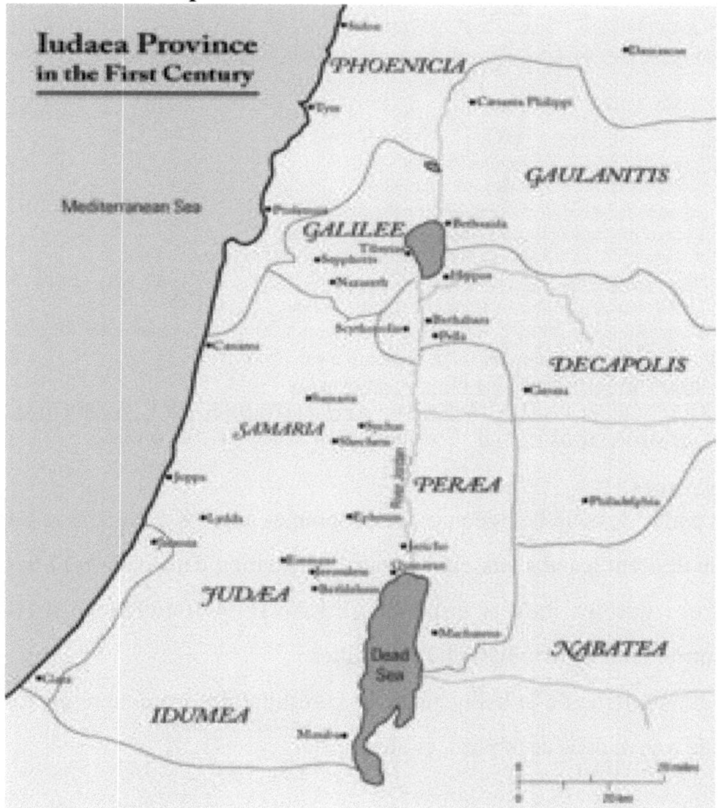

Source : *S.N.* Première guerre judéo-romaine, disponible sur https://fr.wikipedia.org/wiki/Premi%C3%A8re_guerre_jud%C3%A9o-romaine Consulté samedi 29 janvier 2022 à

12:04.

Ce qu'il faut noter de la guerre des juifs contre Rome se trouve dans ce tableau.

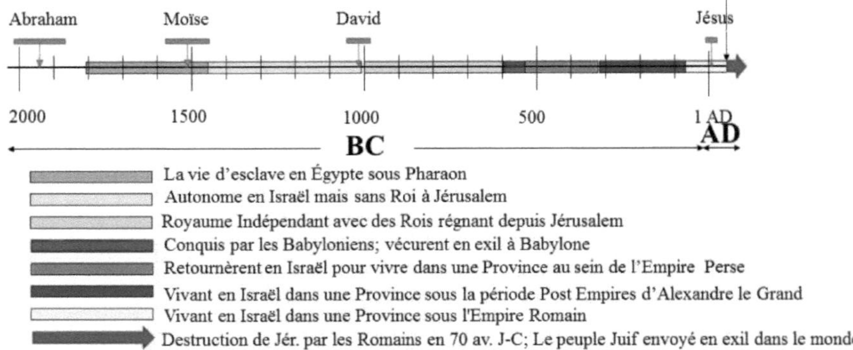

Source : *S.A.* Quelle est l'histoire du Peuple Juif?, disponible sur https://le-livre.org/history-of-jews-quelle-est-lhistoire-du-peuple-juif/?gclid=Cj0KCQiA6NOPBhCPARIsAHAy2zCv4nvslao7kZGWuBBdiXSYY_4xy0BtF5FkLcjqZ5zM1wLcXnYdreMaAsA4EALw_wcB Consulté samedi 29 janvier 2022 à 12 :13.

II.2.1. La belligérance

Avant de parler de cette belligérance, nous sommes appelés à savoir que les êtres humains se désirent les uns aux autres pour la formation d'une société. Mais nous n'enregistrons que les intérêts instables. [E.KANT(1990) Juillet 2014:17. Théorie et pratique, (Trad. J.-M. MUGLIONI), Hâtier.]

Voici la grande ligne de la belligérance et le résultat de la première guerre judéo-romaine, se trouve dans ce tableau, ci-après :

INFORMATIONS GENERALES Date 66 à 73 Lieu Judée Issue : Victoire de Rome	
BELLIGERANTS	
Empire romain : juifs de la province romaine de Judée	
COMMANDANTS	
Gaius Cestius Gallus, Vespasien, Titus Simon Bar-Giora, Yossef ben Matityahou, Jean de Gischala, Éléazar ben Shimon	Simon Bar-Giora, Yossef ben Matityahou, Jean de Gischala, Éléazar ben Shimon
FORCES EN PRESENCE	
80 000	300 000
PERTES	
inconnue	inconnue

Source : *S.N. Première guerre judéo-romaine*, disponible sur https://fr.wikipedia.org/wiki/Premi%C3%A8re_guerre_jud%C3%A9o-romaine Consulté samedi 29 janvier 2022 à 12 :04.

II.2.2. Source d'hostilité de 66

Il revient à noter qu'un jour de shabbat, en l'an 66, précisément en Césarée, un homme volontairement décide de sacrifier des oiseaux à la porte même de la synagogue, ce qui irrite véritablement à la colère les Juifs. Il s'ensuit alors dans cette perspective des batailles de rue entre Juifs et les non croyants. Une délégation de Juifs décide de se rendre à Sébaste auprès du procurateur Gessius Florus qui néglige le dossier. (*S.N. Première guerre judéo-romaine*, disponible sur https://fr.wikipedia.org/wiki/Premi%C3%A8re_guerre_jud%C3%A9o-romaine Consulté samedi 29 janvier 2022 à 12 :04.)

Les troubles dans cette perspective atteignent Jérusalem. Florus choisit ce temps pour prendre 17 talents dans le trésor du Temple, considérait par certain comme arriérés de tribu. Ce comportement va engendrer une révolte. Après tentative pour calmer la situation, il s'ensuit alors une révolte en sang, Florus se retire à Césarée tandis que les insurgés vont conquérir l'esplanade du Temple (*Ibid.*).Malgré le degré des hostilités, il faut noter que les tentatives de réconciliation n'ont pas cessé.

Une tentative de conciliation d'Agrippa II et de Bérénice est refusée. À l'instigation d'Éléazar, fils du grand-prêtre Ananie, les révoltés prennent Massada et mettent fin aux sacrifices de tout le jour pour l'empereur. Sous la direction d'Agrippa II et des Hérodiens, des familles des grands-prêtres et des notables pharisiens, les contemporains de la paix essayent de réduire les révoltés par la force. (*Ibid.*).

L'armée d'Agrippa II est neutralisée dans Jérusalem, Ananie est massacrée, les palais royaux sont incendiés et les derniers romains massacrés. Une rébellion nait au sein de Césarée. Le mouvement se développe dans toute la Judée où Juifs et gentils se massacrent. Beaucoup de Juifs périssent dans les émeutes au sein d'Alexandrie. (*Ibid.*). En effet, cette guerre a été dans cette perspective forte dans l'histoire des romains et de peuple juif.

II.3. Génocide : les juifs et les allemands

Il faut noter qu'au moment d'arrivée au pouvoir d'Hitler, les agressions contre le peuple Juif sont organisées par les nazis. Le 1er avril 1933, les pancartes sont dressées devant les magasins des juifs qui demandent de ne pas acheter chez les juifs. Le 7 avril 1933, il est à noter que la « Loi pour la restauration du fonctionnariat » fait exclusion des juifs et les fonctionnaires « politiquement peu fiables » au service de l'Etat. (*S.N.*, Histoire des Juifs en Allemagne, disponible sur https://fr.wikipedia.org/wiki/Histoire_des_Juifs_en_Allemagne.Consulté samedi 29 janvier 2022 à 12 :06.).

Ne peuvent rester dans la fonction publique du Reich, des Länder et des communes seulement ce qui étaient déjà fonctionnaires avant l'année 1914, ceux qui ont combattu pendant la Première Guerre mondiale et dans cette perspective il faut aussi noter les orphelins de guerre. (*Ibid.*). Il existait aussi l'exclusion forcée des certains juifs dans leurs postes.

Il faut également noter que les autres juifs sont dans la même perspective révoqués ou mis à la retraite avec pension, s'ils ont œuvrés au moins une décennie dans la fonction publique. Ce même mois, deux autres lois tombent et dans cette perspective, elles limitent le nombre d'étudiants juifs dans les écoles et les universités allemandes et l'« activité juive » dans les professions médicales et juridiques. (*Ibid.*). Ainsi, la fonction publique dans cette perspective à était suffisamment aussi contrôlé au profit des allemands.

Tous les avocats d'ascendance juive doivent désormais dans cette perspective demander leur réadmission au barreau. Seuls les avocats admis avant 1914 ou qui s'étaient battus pendant la Première Guerre mondiale continuent à travailler. C'est ainsi, Sur 10 885 avocats juifs, 2 009 reçoivent la permission de continuer leur activité professionnelle principalement en tant qu'anciens soldats de guerre. Dans les petites villes, commerçants et petits industriels juifs subissent des menaces pour céder leurs biens souvent au bénéfice des dirigeants nazis locaux. (*Ibid.*). En effet, c'est dans cette perspective que naquit l'hostilité entre les juifs et les allemands, allant jusqu'au génocide.

II. 4. Conclusion

Nous sommes à la fin de ce deuxième chapitre qui nous parlait des juifs et les guerres qu'ils ont connu. Il est question de guerre des juifs contre Rome et le génocide des juifs et allemands. Il est à savoir que les juifs ont fait la guerre durant des décennies pour survivre. Ils ont donné des bons exemples pour d'autre peuple victime de guerre. Face à leur contribution dans l'histoire de l'humanité nous devons aussi reconnaitre leur faiblesse dans certaines pratiques.

Conclusion de la première partie

Dans cette première partie nous avons parlé d'histoire des juifs. Il y avait deux chapitres. Le premier chapitre était pour la généralité sur le peuple juif. Nous avons expliqué les juifs dans le monde et les juifs dans le Moyen-Âge. Le deuxième chapitre parlait des juifs et les guerres. Il s'agissait de guerre des juifs contre Rome et le génocide des allemands et les juifs.

Il n'est pas étonnant de voir les juifs rependus dans le monde. C'est un peuple qui a beaucoup fait la guerre dans l'histoire de l'humanité, mais en laissant également des références à suivre dans les civilisations humaines.

DEUXIEME PARTIE
LES JUIFS ET LA FOI RELIGIEUSE

Introduction de la deuxième partie

Cette deuxième partie de notre dissertation explique les juifs et la foi religieuse. Nous avons ici deux chapitres. Le premier parle du judaïsme présente la généralité sur le judaïsme et explique ce que le judaïsme vis-à-vis d'autres religions monothéistes. Et le dernier chapitre parle de la messianité de Jésus de Nazareth. Ici nous parlons de Jésus Christ en exposant sa vie et son histoire. Enfin nous parlons de messianité de Jésus de Nazareth.

La messianité de Jésus de Nazareth est rejeté par l'orgueil du judaïsme. Oubliant que croire en Christ c'est croire au Sauveur. Mais le judaïsme croit au messie, qui n'est pas encore arrivé, qui viendra avec des visions politiques également.

Chapitre troisième
LE JUDAÏSME

III. 1. Introduction

Ce troisième chapitre de notre dissertation explique le judaïsme. Nous parlons de généralité sur le judaïsme et le judaïsme par rapport à d'autres religions monothéistes.

III.2. Généralité sur le judaïsme

Le philosophe Hegel, interprète le judaïsme également. Sa conception du judaïsme ne diffère pas tellement avec celle de philosophe Spinoza. Dans le cours de Berlin, Hegel enseigne le judaïsme dans la religion grecque. Néanmoins il considère le judaïsme comme énigme. [S.AWADHIFO AYIBHO 19 Juillet 2021 :11.

Lire aussi O.POEGGER et P.GARNIRON(1981):190].

Nous sommes appelés à connaitre qu'Israël est la définition historique de la nature partielle de la conscience religieuse, mais cette conscience est réduite aux intérêts nationaux. Si on refuse ces limites des intérêts nationaux, nous trouvons la religion chrétienne. Dans cette perspective le judaïsme est le christianisme mondain, tandis que le christianisme est le judaïsme spirituel. Dans la religion chrétienne il y'a absence d'égoïsme. Les juifs entraver le judaïsme prône la loi universelle qui les pousse aux vengeances politiques. (*Ibid.* :19. Lire aussi L.FEUERBACH 1864 :151. Essence du christianisme (Trad. J.ROY), Paris.

Le judaïsme est monothéiste comme le christianisme enfin comme l'islam. Mais il se pose un problème de messianité. On reconnait Jésus de Nazareth comme messie dans le christianisme ; alors que Mahomet dans l'Islam. Mais le judaïsme s'abstient de toute idée de messianité car le messie dans le judaïsme viendra avec des visions politiques également. A ce qui concerne généralement le judaïsme et les juifs il faut noter ceci :

Il est à savoir que Hegel interprète la religion juive comme un point sur lequel se démarque le christianisme. La religion chrétienne vient après l'expansion du judaïsme. Tout est parti du comportement des juifs qui n'est pas du tout apprécier par d'autre peuple. Il n'est pas question de haine contre les juifs mais une correction vis-à-vis de leur conception. On le sait :

"Sans parler des juifs et des Mahométans, chez les Grecs même Platon condamne les dieux d'Homère et d'Hésiode. En général, dans le développement de chaque peuple, il arrive un moment où l'art ne suffit plus. Apres la période de l'art chrétien, si puissamment favorisé par l'église, vient la Réforme, qui enlève à la représentation religieuse l'image sensible pour ramener la pensée à la médiation intérieure. L'esprit est possédé du besoin de se satisfaire en lui-même, de se retirer chez lui, dans le véritable sanctuaire de la vérité. C'est pour cela qu'il y'a quelque chose après l'art. Il est permis d'espérer que l'art est destiné à

s'élever et à se perfectionner encore. Mais en lui-même il a cessé de répondre au besoin le plus profond de l'esprit. Nous pouvons bien trouver toujours admirables les divinités grecques, voir Dieu le père, le Christ et Marie dignement représentés ; mais nous ne plions plus les génoux."

Du judaïsme, la religion chrétienne va sortir. Malgré soit les époques, les circonstances, le christianisme n'a pas hésité à faire une expansion étonnante et surprenante. C'est pour quoi Hegel dit : Quelle que soit la façons dont les choses tournent, elle a toujours accompli et atteint la chose même, car celle-ci étant le genre universel de ces moments, est le prédicat de tous. S.AWADHIFO AYIBHO 19 Juillet 2021 :56. Lire aussi G.W.F. HEGEL 1835:40. *Esthétique*, Tome I (Trad. Ch. BERNARD), Québec. Lire aussi G.W.F. HEGEL, *La phénoménologie de l'esprit*, Tome I (Trad. J. HYPPOLITE), Paris, Aubier.

Représentation de Synagogue Vieille-Nouvelle de Prague au XIII e Siècle.
Source : *S.N.* Histoire des juifs au Moyen-Age, disponible

surhttps://Fr.Wikipedia.Org/Wiki/Juifs_Et_Juda%C3%Afsme_En_Europe#:~:Text=Au%20Haut%20Moyen%20%C3%82ge%2C%20les,Nombreuses%20dans%20les%20royaumes%20francs. Consulté Lundi 31 Septembre 2022 à 8:18

Un couple juif en Pologne e 1765. Symbole intellectuel du judaïsme.
Source : S.A., *Juifs et le judaisme en Europe*,
Disponible sur
https://fr.wikipedia.org/wiki/Juifs_et_juda%C3%AFsme_en_Europe#:~:text=Au%20Haut%20Moyen%20%C3%82ge%2C%20les,nombreuses%20dans%20les%20royaumes%20francs.
Consulté Lundi 31/01/2022 à 8:18.

III.3. Le judaïsme et d'autres religions monothéistes

Nous constatons les formulations des critiques à l'égard du judaïsme vis à vis d'autres religions monothéistes, comme le christianisme. Avec le philosophe Hegel nous trouvons que le judaïsme se conçoit comme un chemin de la corruption, qui n'est pas différent de monde antique. Le judaïsme dans cette perspective est situé au-dessus du stoïcisme. L'énigme du judaïsme est expliqué à d'autre manière par Hegel dans sa conception philosophique. (S.AWADHIFO AYIBHO 19 juillet 2021:12. Lire aussi O. POEGGER et P. GARNIRON (1981):212-220.).

Avec Feuerbach nous affirmons le caractère énigmatique du judaïsme. Il pense que les juifs sont appelés à faire une rétrospective pour s'interroger des péchés qu'ils ont commis. On le sait :

Il est à savoir que le judaïsme est une religion qui effectue la rupture monothéiste, qui est la scission entre deux sphères : humain et divine. Le peuple juif est un obligé, assujetti sous le pouvoir étranger de l'empire. Au moment de révolution contre la tyrannie de l'Empire et contre les dieux, le peuple juif donnera une religion pour s'opposer au pouvoir du temps qui s'affirme comme unique possibilité. Faible, le peuple juif pourra alors éviter dans cette perspective les oppresseurs en soif de les anéantir.

Il en est de même avec Hegel, le judaïsme est une religion monothéiste. En effet, il existe des raisons pour rapprocher l'approche hégélienne et feuerbachienne, mais, ce qui nous intéresse est le fait qu'une telle conception est l'arme pour combattre le néopaganisme (retour au paganisme ancien, caractérisé par le polythéisme et plusieurs pratiques hérétiques.).

S.AWADHIFO AYIBHO 19 juillet 2021:24. Lire aussi M-C. PEPIN 2007:73. La thèse de la sortie de la religion chez Marcel Gauchet en perspective : Feuerbach, Freud, Nietzsche; Mémoire de Maîtrise en Philosophie ; Université de Québec.

Même en science, la construction d'un savoir est le résultat d'une entreprise de la pensée. Il en est de même avec la foi religieuse. Elle se développe sur des principes mais en suivant une cohérence. (S .AWADHIFO AYIBHO 2019:35. La signification du christianisme chez Hegel, Mémoire de Licence en Philosophie, Université de Kisangani. Lire aussi N. KALINDULA 2017:18. Articulation de la raison et problème des fondements des sciences dans l'épistémologie de Jean Ladrière, Thèse de Doctorat en Philosophie Université Catholique du Congo, Kinshasa-Limete.).

Dans cette perspective, il faut noter que le christianisme est une religion révélée qui suit véritablement le processus dialectique (*Ibid.* Lire aussi, S. AWADHIFO AYIBHO, 2017:14. La dialectique de l'idée absolue chez Hegel, TFC en Philosophie, Université de Kisangani. A ce même sujet vous pouvez consulter aussi A. CIMWANGA BADIBANGA 2016:37. Mbororo, l'invention d'une nation, Editions Universitaires Européennes.). Le judaïsme occupe une grande place dans le peuple juif. La considération juive est d'abord liée au judaïsme et ses pratiques.

En effet, toute chose passe déclare la Bible, mais nous constatons le contraire dans le paganisme. Les païens adorent le soleil qu'il pense être immortel. Or, ils s'égarent en réalité dans la perspective de la foi chrétienne. [S. AWADHIFO AYIBHO 19 juillet 2021:51. Lire aussi, L. FEUERBACH 1864:84. La religion (Trad. J.ROY), Paris.].

La foi religieuse ne s'impose pas, c'est une question de liberté, dans la perspective « [à favoriser le progrès social et instaurer de meilleurs conditions de vie dans une liberté plus grande,[...].». (NATIONS UNIES 20 Juin 1945.
« Préambule », Charte des Nations Unies, San Fransisco.)

III.4. Conclusion

Ce troisième chapitre est à sa fin. Nous avons parlé du judaïsme en présentant sa situation générale ensuite nous avons développé le judaïsme vis-à-vis d'autres religions monothéistes. Du judaïsme est issu certaines religions monothéistes, il s'agit de : la religion chrétienne et l'islam, reconnaissant à chacun un messie diffèrent. Jésus de Nazareth pour les chrétiens et Mahomet pour l'islam.

Chapitre quatrième
LA MESSIANITE DE JESUS DE NAZARETH

IV.1. Introduction

Ce chapitre qui est le dernier de notre dissertation parle de messianité de Jésus de Nazareth. Nous tentons à parler de la vie et histoire de Jésus de Nazareth ensuite nous cherchons à comprendre le judaïsme et la messianité de Jésus de Nazareth.

IV.2. Jésus de Nazareth : sa vie et son histoire

La vie et histoire de Jésus peuvent être comprises dans ce tableau chronologique.

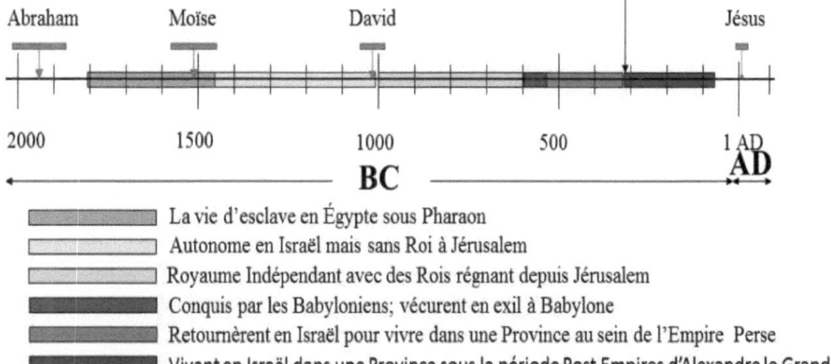

Source : *S.A.* Quelle est l'histoire du Peuple Juif?, disponible sur https://le-livre.org/history-of-jews-quelle-est-lhistoire-du-peuple-juif/?gclid=Cj0KCQiA6NOPBhCPARIsAHAy2zCv4nvslao7kZGWuBBdiXSYY_4xy0BtF5FkLcjqZ5zM1wLcXnYdreMaAsA4EALw_wcB Consulté samedi 29 janvier 2022 à 12 :13.

IV.3. Le judaïsme et la messianité de Jésus de Nazareth

Nous devons savoir que ce titre de Fils de l'homme, que le Seigneur Jésus a utilisé dès les débuts de son ministère, prouverait, si nous avons une bonne compréhension, sa conscience messianique, sa messianité certaine, a une date beaucoup plus ancienne. [P. CHAPUIS, (1904) :18.]. Mais les observations peuvent aussi se faire au moment du baptême.

C'est là, précisément qu'au bord du Jourdain, en sortant de l'eau du fleuve, que le Nazaréen avait perçu, il n'importe sous quelle forme, ce clair sentiment, mais aussi cette ineffable certitude : « Tu es mon fils » qui se traduit par, « tu es le Messie ». On donne une définition bien à l'heure du baptême de Jésus en disant que parti de Nazareth, sa bourgade natale, pour aller auprès du prophète du Jourdain, il y revint avec une certitude divine que Dieu le destinait au messianisme. Il y venait avec des pressentiments possibles. (*Ibid.*).

D'abord, nous sommes appelés à savoir que parmi les religions nous trouvons le judéo-christianisme ; qui est considéré comme le développement du judaïsme. (S. AWADHIFO AYIBHO, 2021 :15. Lire aussi, G.VAN RIET. (1965) : 374. « Le problème de Dieu chez Hegel. Athéisme ou christianisme. ? », *In* : *Revue Philosophique de Louvain*, Troisième série, Tome 63, Numéro 79, Louvain.). Mais il est à reconnaitre la non reconnaissance de Jésus de Nazareth et sa messianité par les juifs.

Il faut savoir que malgré les apparences, il n'est pas question d'une spéculation simple qu'on peut l'attendre. Dans le judaïsme il existe la croyance à un Messie comme personne humaine pour établir la royauté sur terre. Mais, le problème est sur la situation de Jésus de Nazareth. Dans le Talmud, il est écrit que ce qui va marquer la différence entre le monde actuel et le monde de Messie est la liberté d'Israël aux nations. (Cf. R. MACINA MENAHEN (2003): 290-291. « Chrétiens et juifs : pour aller loin », *In*: *Théologique*, Volume 11, Numéro 1-2.).

Maheqra élabore une théorie qui met en doute la croyance chrétienne, qui est placée quant à elle à un Christ qui échoue, pendant qu'il s'était autoproclamé Messie et dont l'Eglise le défend, « [...] dans un credo, qu' "il viendra juger les vivants et les morts", qu'il "viendra juger les vivants et les morts" et que " son règne n'aura pas de fin"» (*Ibid.* : 295-296. Lire aussi H. DENZINGER 1996:150. Symboles et définitions de la foi catholique, Paris, Cerf.).

D'abord ce qu'il faut noter dans le judaïsme, est que la discussion fait une destruction dans la perspective de mettre ensemble les juifs sur terre et d'y façonner un Etat. Les religieux s'opposaient car ils pensaient que seul le Messie était capable de réunir tout le monde et de fonder un Etat. (*Ibid*:301).

Dans le Talmud, il existe d'exclamation telle que les chrétiens sont des païens car ils croient au Messie juif de Galilée, appelés Jésus, eux qui n'était même pas peuple, sont dans cette perspective devenu peuple de Dieu, ils oublient qu'ils ne portent pas la racine mais c'est celle-ci qui les portent. (*Ibid*:318). En effet, la nécessité d'une réflexion philosophique s'impose dans cette perspective également.

L'homme arrive à son être et sa nature grâce à la religion. La philosophie est identifiée comme une théologie rationnelle dans cette perspective. Elle est considérée comme culte perpétuel de divinité sous sa vraie forme. (G.W.F. HEGEL 1835:39. Esthétique, Tome I, Paris, Ladrage.). Ce qui est interprété philosophiquement du judaïsme n'est pas très différent d'interprétation théologique. Dieu possède la puissance et cette puissance n'est pas différente à celle de la nature. On le sait dans cette perspective le judaïsme reconnaît cette puissance de Dieu, mais il reste un véritable problème avec la messianité de Jésus de Nazareth. [A.SAUCER 2019:34.La téléologie chez Spinoza, Mémoire de Maîtrise en Philosophie, Université Montréal. Lire aussi J.LAGREE 2004:228. Spinoza et les débats religieux, Renne, Presses Universitaires de Renne.].

Dans notre interprétation du judaïsme dans l'approche philosophique nous reconnaissons certaines difficultés que nos lecteurs vont peut être constaté. Il est possible, car même cette difficulté est souvent relative à la langue.

Nous sommes appelés à savoir que l'hébreu, de l'histoire relativement à la dissertation et la transmission des livres saints, s'ajoute une autre difficulté. Cette difficulté est suite à l'absence de langue originale. C'est le cas avec le philosophe Spinoza relativement à l'Evangile selon Matthieu et l'Epitre aux heureux. [J-M. AUWERS (1990):206. «L'interprétation de la Bible chez Spinoza. Ses présupposés philophiques ». *In*: *Revue Théologique de Louvain*, 17 année, 2.]. La Bible ne se présente pas dans un discours déductif, accessible seulement aux philosophes. Le discours en philosophie et en narration ne possèdent pas le même objet. L'un est pour la connaissance de la vérité et l'autre pour la réalisation de la vérité dans la vie pratique. (*Ibid.*207.).

Ce qu'il faut ailleurs noter de la Bible du centenaire et la version synodale, malgré l'autorité et les savoirs scientifiques des autres, se présente comme ce qui semble insoutenable, par exemple dans la conception de célibat. {E.ALZAS (1950)[11 Novembre 2021].« Notes exégétique : l'apôtre Paul et le célibat : étude exégétique sur 1 Corinthiens 7:25-40 », *In*: *Revue de Théologie et de Philosophie.*}.

IV.4. Conclusion

Le dernier chapitre de notre dissertation nous expliquait la messianité de Jésus de Nazareth. Nous avons donné la vie et histoire de Jésus de Nazareth ensuite nous avons appréhendé la notion du judaïsme et messianité de Jésus de Nazareth. L'histoire de Jésus montre clairement qu'il était juif, mais les juifs s'opposent à sa messianité par les pratiques du judaïsme.

Conclusion de la deuxième partie

Nous sommes enfin de cette deuxième partie de notre dissertation. Il a été question de parler de la foi religieuse chez le peuple juif. Nous avons développé deux chapitres. Le premier chapitre qui est le quatrième de la dissertation était intitulé le Judaïsme. Présentait la généralité sur le judaïsme et le judaïsme par rapport à d'autres religions monothéistes. Le deuxième qui est le dernier de la dissertation était intitulé messianité de Jésus, il nous parlait de la vie et histoire de Jésus. Enfin le judaïsme et la messianité de Jésus de Nazareth.

Une obligation s'impose pour convaincre le judaïsme à croire à la messianité de Jésus. Jésus de Nazareth est le messie contrairement au judaïsme.

CONCLUSION GENERALE

Nous avons fini et non terminé avec la notion des juifs et la messianité de Jésus de Nazareth. Nous avions dans l'ensemble de la dissertation deux parties. La première parlait de l'histoire de peuple juif et la seconde était pour la foi religieuse. Il y avait dans la dissertation quatre chapitres.

Dans le chapitre qui était le premier de notre dissertation nous avons parlé de la généralité de peuple juif. Il s'agissait de peuple juif dans le monde et les juifs au Moyen-Âge. C'est précisément au moyen-âge que les juifs se sont multipliés dans le monde. Les juifs sont généralement solidaires entre eux.

Le deuxième chapitre était intitulé : les juifs et les guerres. Nous avons parlé de guerre des juifs contre Rome, enfin l'idée de génocide de l'histoire entre les juifs et les allemands. L'hostilité dont les juifs ont été victime est non négligeable, mais il faut être également de mauvaise foi pour rejeter la contribution de ce peuple dans la civilisation relativement à l'histoire de l'humanité.

Le troisième chapitre de notre travail parlait du judaïsme. Nous avons présenté la généralité sur le judaïsme et le judaïsme vis-à-vis d'autres religions monothéistes. Il existe des religions monothéistes qui sont issues du judaïsme. Il s'agit précisément de christianisme et l'Islam. Mais, il se pose un problème de messianité.

Le dernier chapitre parlait de messianité de Jésus de Nazareth. Après avoir présenté la vie et histoire de Jésus, nous avons expliqué le judaïsme vis-à-vis de la messianité de Jésus de Nazareth. Dans le judaïsme, on ne croit pas à Jésus de Nazareth comme messie, car il n'a pas réussi à réaliser les projets politiques des juifs, mais ce n'est pas le même dans le christianisme.

Aujourd'hui, vous avez reçu le message sur la messianité de Jésus de Nazareth. Croyez-vous à Jésus de Nazareth comme les chrétiens ou les croyants de judaïsme ? C'est une question philosophique, car les deux doctrines s'opposent toujours, et on répond dans cette perspective selon l'appartenance. Ce qui est important, et la reconnaissance de l'une à l'autre et coexistence pacifique.

Printed by Books on Demand GmbH, Norderstedt / Germany